Les poneys

Texte de Stéphanie Ledu
Illustrations d'Hélène Convert

MILAN

Dans ce pré se trouvent des chevaux. Ils se ressemblent…
avec de grandes différences de taille !

Écoutons leur propriétaire :
« On mesure un cheval au garrot. Si l'animal adulte mesure moins de 1,48 m à partir de cet os, qui fait une bosse ici, on l'appelle un poney. »

Améthyste et Oslo sont des chevaux.
Quinsy et Yzée sont des poneys...

Ho ! hisse ! Ultrapuissants, les **chevaux de trait**, comme Oslo, aident aux travaux forestiers, tirent des calèches…

Les chevaux plus légers, comme Améthyste, sont montés par les cavaliers adultes. Les plus rapides sont entraînés pour gagner des courses à l'hippodrome.

Et les poneys ? Ce sont plutôt les montures des enfants. Faisons leur connaissance au centre équestre !

Autrefois, beaucoup de gens savaient monter à cheval.
Avant l'invention de la voiture ou du train,
c'était le moyen de transport le plus commun.

Aujourd'hui, l'**équitation** est un **sport**...
que l'on partage avec un animal.

Pour pratiquer, il faut avoir la **bonne tenue** : casque, pantalon souple, gilet de protection, bottines à petits talons, mini-chaps. Confortable, et parfaite pour la sécurité !

« Salut, Vazy ! »
Les enfants retrouvent leurs poneys à la barre d'attache.
Oh ! ils se sont roulés dans la boue de leur pré...
Vite, une petite toilette !

Les cavaliers aiment le moment du pansage. Ils décollent les saletés du pelage avec une étrille et une brosse, nettoient les sabots avec un cure-pied…

Pour les poneys, c'est comme un massage et un gros câlin. C'est tellement bon que Fleur s'assoupit !

Les poneys du club sont très gentils. Mais attention : leur poids dépasse 150 kilos, et ils sont bien plus forts que nous.

Pour éviter d'être bousculé, on se glisse par-devant, sous l'encolure.

Pour changer de côté par l'arrière, on garde une main sur la croupe. Ainsi, Fleur sait qu'Alice est là !
« Pousse tes pattes de là ! »

Oups ! la monitrice fait la grimace. Un poney n'a pas de pattes, mais des jambes ; pas de gueule, mais une bouche… On révise un peu ?

Les poneys sont propres.
Maintenant, équipons-les !
Le matériel est rangé
dans la **sellerie**.

Tapis, **selle**... La monitrice passe la **sangle**
sous le ventre de Zozo et la boucle.

Mettre le **filet** ? Un peu moins simple. **Rênes** sur l'encolure, on présente le mors au poney. Quand il l'a pris dans sa bouche, on passe la têtière par-dessus une oreille, puis l'autre...

À force de regarder faire la prof, les parents savent **aider les enfants**. Trop forts !

Il fait beau : direction la carrière ! Un peu têtu, Vazy n'avance pas. « Allez, marche… » Amandine l'encourage de la voix.

Hop ! Avec ou sans aide, on se met en selle, toujours du côté gauche de son poney.

Pour commencer, les cavaliers font des exercices d'assouplissement.

Ils font ensuite avancer leur poney. Aller au pas, c'est facile.

Trotter, ça secoue un peu ! « Edward, essaie de te lever un temps sur deux... » Le trot enlevé est plus agréable.

« Amandine, ne te penche pas en avant ! »
Pendant la leçon, ou reprise, on écoute la monitrice. Malin, Milo prend aussi le conseil pour lui.

Les cavaliers apprennent à tourner, à franchir des barres au sol, à sauter des petites croix...

« Bravo, Lala ! »
Pour féliciter son poney, on lui fait une grattouille.

Les enfants prennent le galop. Plus rapide, mais plus confortable que le trot !

Oh ! À cause de Minouche, le poney d'Alice fait un écart. Boum ! Heureusement, le sable amortit la chute. Même pas mal ! Connais-tu la tradition ? Un cavalier qui tombe apporte un gâteau à la prochaine leçon.

Surprise ! Parfois, le club organise des jeux. Les cavaliers se surpassent pour faire gagner leur équipe.

« 1, 2, 3… soleil ! »
Là, il faut stopper
et ne plus bouger.
Lise sait comment faire :
elle se redresse et serre
les doigts sur les rênes.

On ne tire jamais sur la bouche de son poney : cela lui fait mal. À pied ou sur son dos, on reste doux avec sa monture.

Oh ! Nougat
fait son crottin.
Milo l'arrête : ainsi, il n'y aura pas de petits cacas partout. Plus sympa pour celui qui ramasse !

Il est temps de mettre pied à terre.
Avant de goûter, chaque enfant s'occupe de son poney.
On ôte le filet, on rince le mors dans un seau...
Puis on enlève la selle.

Un nouveau coup de brosse pour laisser son poney tout propre, et voilà !

Il ne reste plus qu'à **chouchouter son copain**, en lui offrant des morceaux de pomme ou de carotte, posés à plat sur la main. Croc !

Églantine adore les grattouilles derrière les oreilles. Zozo, lui, les préfère sur le garrot. Un p'tit bisou ? D'accord aussi !

Les poneys sont robustes : ils vivent au pré.
Le mauvais temps ne les dérange pas.

Comme à l'état sauvage, ils aiment vivre en troupeau. Certains sont amis : ils restent ensemble et se grattent mutuellement.

D'autres s'entendent moins bien : Lala est la plus petite, mais c'est elle la chef.

Brouter, boire, se reposer, piquer des petits galops...
Nos poneys sont très occupés. Ils adorent aussi se rouler.
Oh, non, ils sont à nouveau tout cracra !

La plupart des poneys du centre équestre sont des **shetlands**. Leur race est originaire d'îles froides et venteuses, situées au nord de l'Écosse. C'est pourquoi ils sont si poilus et costauds !

Connais-tu d'autres races de poneys ?
Il en existe des dizaines à travers le monde.
En voici quelques-unes...

Pratiquer l'équitation, c'est chouette : on se fait des copains, on apprend à s'occuper d'un animal bien plus grand que soi... tout en passant du temps au grand air !

Aujourd'hui, nos petits cavaliers visitent un salon équestre.

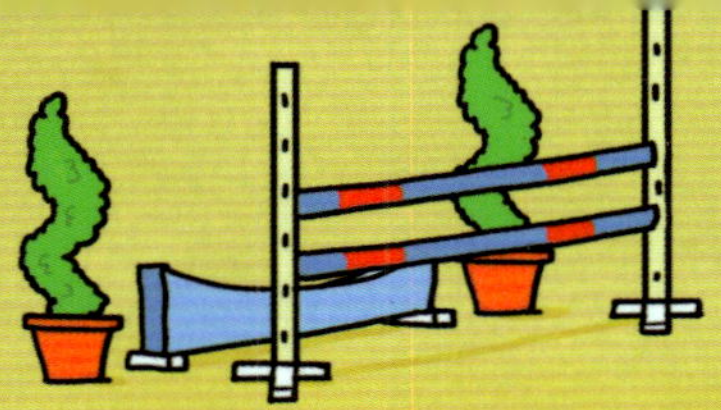

Ici, le public assiste à des **concours**, des **spectacles**, des démonstrations de différentes **disciplines**...

Tiens, mais que fait Maman ? Elle essaie des casques. Bravo, elle aussi a décidé de devenir **cavalière** !

Découvre tous les titres
de la collection
Mes P'tits DOCS

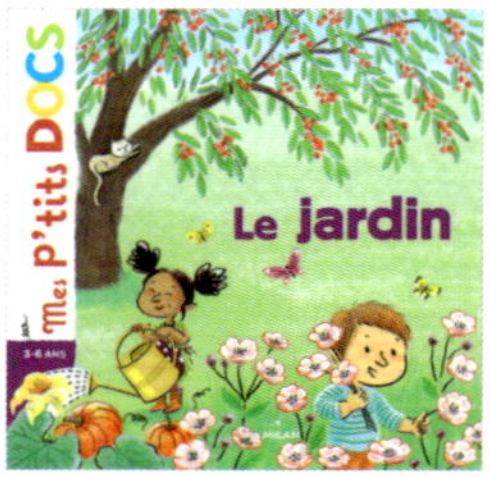

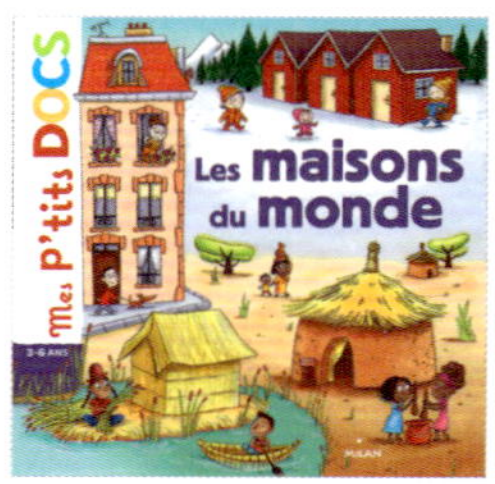